Après trente-cinq années de « Vie intense ».

L'ORGANISATION SOCIALE
DES CATHOLIQUES BELGES

Ecrivant, en 1911, l'histoire de l'activité sociale des catholiques belges, M. A. Verhaegen donnait pour titre à son très beau livre : « *Vingt-cinq années d'action sociale* [1]. »

A l'heure où nous entreprenons de fixer, d'une façon très schématique, l'aboutissant de ce long effort, c'est donc depuis trente-cinq ans que les catholiques sociaux de Belgique sont au travail; depuis trente-cinq ans que, fidèles aux directions de l'Eglise, ils s'efforcent de promouvoir, dans leur pays, le développement religieux, moral, intellectuel tant des individus que des familles et de la société. Amélioration progressive des conditions matérielles et économiques indispensables à ce développement; organisation des différentes professions, chacune pour son propre compte et toutes entre elles; respect du travailleur et du travail, travail intellectuel et travail manuel; éveil général des consciences sur leurs responsabilités religieuses, sociales, professionnelles et civiques..., tous ces objectifs sont à l'horizon de leur programme d'ensemble, et, depuis trente-cinq ans, ils y tendent avec cette ténacité irréductible qui fait le fond de leurs qualités de race.

Laissant délibérément de côté tout rappel historique, ces notes modestes n'ont d'autre ambition que de dresser la « carte actuelle » des principales réalisations nées de ce long effort; dans cette marche vers un *ordre chrétien*, elles essaieront de « faire le point [2] ».

---

1. A. VERHAEGEN : *Vingt-cinq années d'action sociale*, chez M. A Dewit, Bruxelles.

2. Les éléments de ce travail nous ayant été fournis par les directeurs sociaux et les organisateurs des institutions que nous passons en revue, nous tenons à leur exprimer, dès maintenant, notre très vive reconnaissance.

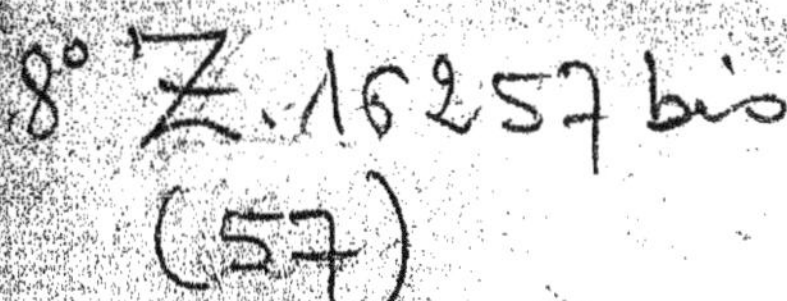

I. — Les Groupements professionnels.

A. — CHEZ LES PATRONS.

1) *L'Union d'action sociale chrétienne.* — De fondation toute récente (*décembre* 1920), l'Union groupe des employeurs et des travailleurs intellectuels. Ses membres se sont fixé, pour but, l'étude des questions sociales, non pas dans l'abstrait, en théoriciens purs, ni comme représentants du capital, mais en dirigeants techniques, gardant le contact immédiat avec le réel et avec les difficultés.

Intermédiaires naturels entre le capital et le travail, ils sont tout particulièrement aptes à préparer les solutions concrètes de pacification sociale. Nettement orientés vers l'action, non seulement ils propageront leurs conclusions par des brochures, des conférences, des congrès, mais ils poursuivront aussi, et « sans délai, la réalisation pratique des grandes réformes préconisées par les économistes, inscrites au programme des associations ouvrières, et qu'ils reconnaîtront opportunes et conformes à la justice sociale ». Le groupe est donc franchement social, et ne s'inféode à aucun parti politique. Toutefois, comme il considère que « l'action politique est un moyen de réalisation des plus efficaces, il se réserve d'intervenir pour amener des solutions officielles ou législatives, si elles étaient reconnues indispensables pour suppléer ou aider les initiatives privées ».

L'appel est adressé à tous les Belges qui exercent une profession libérale, industrielle ou commerciale, et ont sous leurs ordres, directement ou indirectement, 10 personnes au minimum, salariées ou appointées.

Le *siège* de l'Union est à Bruxelles ; son *secrétariat*, 11, rue Brialmont, Bruxelles.

2) *Les Classes moyennes* ont aussi leurs *associations patronales : diamantaires, forgerons, métiers du bois, négociants en lin*, etc... (cf. Classes moyennes, *infra*).

B. — PARMI LES OUVRIERS, EMPLOYÉS, EMPLOYÉES, VOYAGEURS.

1) *Groupes et effectifs syndicaux.* — Un organisme unique, la **Confédération générale des Syndicats chrétiens de Belgique** (C. G. S. C. B.) [1], affiliée à l'Internationale syndicale chrétienne, offre à tout ouvrier, employé, employée et voyageur dont la source principale de revenu est le travail, la possibilité d'entrer dans un groupe en vue d'une action commune *professionnelle*.

Il compte actuellement 200.102 membres (156.631 le 31 mars 1920). Un Comité fédéral le dirige : il est composé de délégués des Fédé-

---

1. Siège : 13, avenue de la Renaissance, Bruxelles.

rations ou Centrales affiliées, ainsi que d'un conseiller moral désigné par l'autorité religieuse [1]. Ce comité général élit à son tour un « *Bureau exécutif* » chargé d'appliquer ses décisions [2]. Les 200.102 membres sont groupés en « *sections locales* », puis en « *sections régionales* », qui se groupent à leur tour pour constituer 12 Fédérations ou Centrales [3] et quelques grands syndicats. Neuf villes se partagent ces Fédérations. Le tableau ci-joint donne, avec leurs adresses, le chiffre de leurs cotisants et le titre de leur organe professionnel.

Anvers. — *Rue Nationale, 119 :*

Centrale des Industries diverses : 10.461 cotisants ; organe syndical, *Het Arbeidersblad*. — Fédération nationale des Docks : 3.137 ; *De Havenarbeider.* — Fédération des syndicats de Tailleurs et Tailleuses de Belgique : 2.363. — Fédération belge du Livre et du Papier : 2.233 ; *Le Travailleur du Livre, De Papier en boekbewerker.* — Centrale de l'Alimentation : 4.924 ; *Notre Organe, Ons Orgaan.*

Rue St-Paul, 29 :

Fédération nationale des Bateliers ; *Le Batelier.*

Boom. — *Rue de l'Eglise, 34 :*

Fédération des Travailleurs de la Pierre, du Ciment, de la Céramique : 5.107 ; *De Steenbewerker, La Vie nouvelle.* — Fédération chrétienne des Ouvriers Diamantaires : 870 ; *De Belgische Diamantbewerker.*

Bruxelles. — *Rue Flétinckx, 19 :*

Employés d'Eglise : 1.650 ; *Ons Blad, Notre Journal.* — Centrale des Francs-Mineurs : 8.664 ; *De vrije Mijnwerker, La Vie nouvelle.* — Syndicat du Personnel des Chemins de fer, des Postes, des Télégraphes et Téléphones de la Marine et des Services publics (C. P. T. T. M.) : 21.000 ; *De Rechte Lijn, Le Bon Combat. Das Neue Leben* (Eupen, Malmédy). — Centrale des Travailleurs du Tabac : 2.929 ; *De Tabakbewerker.*

Grand'Place, 7 :

Syndicat national des Employés, Employées et Voyageurs de Belgique : 8.110 ; *Le Droit de l'Employé, Het Recht der Bedienden.* — Gardes champêtres : 1.495 ; *Le Garde Champêtre, De Veldwachter.*

Boulevard Clovis, 75 (Syndicats féminins) :

Fédération nationale des Gantières chrétiennes : 1.310. — Centrale des Dentellières chrétiennes : 4.566. — Centrale de l'Aiguille : 3.567. — Centrale des Laveuses et Repasseuses : 1.523. Organes communs : *De Arbeidster, L'Ouvrière.*

Boitsfort-Rozenberg :

Centrale ouvrière des Jardiniers, Agriculteurs et Forestiers : 2.320 ; *Champs et Jardins, Tuin en Akker.*

Gand. — *Rue de la Caverne, 65 :*

Fédération nationale des Métallurgistes : 8.560 ; *De Metaalarbeider.* — Fédération nationale des Peintres : 479. — Centrale des travailleurs chré-

---

1. R. P. Rutten, O. P., 13, avenue de la Renaissance, Bruxelles.

2. Président, M. R. Debruyne, 65, rue de la Caverne, Gand. Secrétaires, MM. E. Van Quaquebeke et H. Pauwels, 13, avenue de la Renaissance, Bruxelles.

3. La *Fédération* ou *Centrale* est l'union nationale des sections locales de même industrie ou de même métier.

tiens du Textile : 28.441 ; *L'Ouvrier du Textile, De Textielbewerker.* — Syndicat des Emigrants de Belgique : 7.933 ; *Ons Vlaanderen.*

Glons (Liège). — *Rue St-Laurent :*
Centrale des Tresseuses de paille.

Iseghem. — *Gildenhuis, rue de la Vigne :*
Centrale nationale des Ouvriers Chrétiens de la Chaussure et du Cuir : 2.850 ; *De Lederbewerker.*

Liège. — *118, boulevard de la Sauvenière :*
Fédération des Armuriers de la Province de Liège.

Malines. — *Rue Sous la Tour, 5 :*
Centrale des Travailleurs du Bois et Bâtiment : 16.000 ; *De Hout en Bouwwerker.*

Soignies. — *Rue Félix Eloi, 14 :*
Fédération Nationale des Francs Carriers : 2.327 ; *La Vie nouvelle.*

2) *Programme des Syndiqués chrétiens : réformes, revendications* (extrait du Rapport général de 1920. Page 2).

Au nom des principes de solidarité chrétienne et de justice, la C. G. S. C. B. réclame :

1) Une amélioration notable de l'éducation générale, économique et technique de la jeunesse ouvrière, qui assurera à la classe ouvrière une vie meilleure au point de vue moral, intellectuel, familial et public.

2) L'accomplissement consciencieux par tous les ouvriers de leurs devoirs d'état, et l'observation stricte par tous, tant par les patrons que par les ouvriers, du contrat de travail et des dispositions légales y afférentes.

3) La généralisation graduelle de la participation des ouvriers et employés à la direction des entreprises, et de la répartition des bénéfices entre tous les collaborateurs. L'une et l'autre seront effectuées, dans la mesure et au jour qu'elles paraîtront désirables et pratiquement réalisables, soit par le développement des conseils d'industrie et de l'actionnariat ouvrier, soit par d'autres réformes meilleures ou plus à propos. En attendant, les travailleurs ont droit à un salaire qui les mette en état de faire face à toutes leurs nécessités individuelles et familiales.

4) La généralisation et le développement des contrats collectifs de travail. Par eux l'on travaillera efficacement à organiser et régler la vie économique générale, avec le concours non pas seulement des ouvriers, mais aussi des consommateurs.

5) L'affiliation de tous les ouvriers aux syndicats, comme aux ligues ouvrières, et ce, en vue de promouvoir l'organisation des classes.

6) Le développement des coopératives de consommation, soutenues par un organisme à crédit stable. Seront favorisées toutes mesures légales et d'initiative privée qui peuvent augmenter la puissance d'achat du salaire et diminuer la différence entre le prix de revient des produits et leur prix de vente au consommateur.

7) Un système d'impôts, et, s'il le faut, des mesures fiscales extraordinaires, qui répartiront entre tous sans exception les charges de l'Etat, en imposant chacun selon ses moyens, de façon à assainir les finances publiques et à les maintenir en bon état.

8) Des mesures énergiques contre la spéculation sous toutes ses formes, avec, s'il le faut, la saisie des matières premières ou des produits de première nécessité qui font l'objet de spéculations.

9) Des mesures énergiques pour assurer l'observation stricte de toutes les dispositions de notre législation du travail, pour la compléter, si besoin, dans sa lutte contre tous abus, ceux-là spécialement qui sévissent encore dans l'industrie à domicile.

10) Des adjuvants immédiats à la crise du logement et toutes dispositions qui procureront aux ouvriers une habitation conforme aux exigences de l'hygiène et de la morale.

3) *Action législative.* — Poursuivant l'exécution de son programme social, la C. G. S. C. B., par l'intermédiaire des neuf députés ouvriers chrétiens, n'a cessé cette année de suggérer des réformes en matière de Législation du Travail. — La *police des mines* a fait l'objet de très intéressantes études dans la « *Vie nouvelle* » ainsi que les pensions de vieillesse pour mineurs. — Le conflit déjà ancien mais rendu plus aigu dès 1918, au sujet de l'article 310 du Code pénal consacrant la liberté syndicale, a soulevé de nombreuses discussions. La C. G. S. C. B. admet la suppression pure et simple de l'article, mais demande un texte légal qui garantisse la liberté syndicale. (L'art. 310 a été abrogé le 17 février dernier.) — Les « Commissions de salaires officielles » et les Conseils de profession ont été également envisagés.

A ce sujet, le 8 juin 1920, la C. G. S. C. B. a décidé d'inviter le Gouvernement et le Parlement « à élaborer une réglementation légale « des *Conseils de Professions* comprenant, pour les ouvriers, les garan- « ties de liberté syndicale, l'observation stricte des conventions collec- « tives du travail, la collaboration et le contrôle en matière de pro- « duction, la participation aux bénéfices industriels et, pour les consom- « mateurs, le contrôle sur les prix de revient et de production. » Elle a décidé également de réclamer l'extension des « *Commissions de salaires officielles* » à toutes les industries ainsi que l'obtention de la forme et de la sanction légales (conformément à la législation anglaise — comités Whitley).

Ajoutons encore la loi de la *semaine de 48 heures,* la revision de la loi sur les *accidents de travail,* le dépôt d'une proposition de loi sur l'*enseignement professionnel obligatoire* (M. Caneghem), l'égalité légale des instituteurs et institutrices dans l'*enseignement privé* comme dans l'enseignement public.

C. — DANS LES CLASSES MOYENNES.

1) *Cadres et effectifs.* — Se rangent dans les Classes moyennes les personnes « qui, possédant un certain capital, le font fructifier

dans une entreprise qu'elles dirigent elles-mêmes tout en y coopérant par leur travail ».

L'association des Classes moyennes est constituée par deux organisations : le Syndicat général des Classes moyennes et la Fédération nationale chrétienne flamande des Classes moyennes, que soutient, sans les administrer, un secrétariat spécial dit « *Secrétariat permanent des œuvres chrétiennes des Classes moyennes* ». (201, chaussée de Wavre, Bruxelles. Directeur : M. l'abbé I. Lambrechts.)

La F. N., fondée six mois après l'armistice, comprend 3 Fédérations provinciales (West-Flandre, Anvers, Brabant) ainsi que des sections dispersées dans le Limbourg et la Flandre Orientale. Le bulletin officiel est « *De Middenstand* ».

Le S. G., dont l'existence remonte à 1893 (ancien syndicat des employés, voyageurs, négociants et patrons), groupe les associations fédérées du Brabant, du Hainaut, de Namur et de Liège. Il veut réaliser l'organisation professionnelle autonome et l'organisation interprofessionnelle de la classe. Son bulletin est « *Les Classes moyennes* »[1].

Fédération et Syndicat groupent actuellement 11.000 membres répartis en 90 Associations et 72 Unions professionnelles.

2) *Principales institutions* dont bénéficient les membres : Maison du syndicataire. — Société coopérative de crédit pour l'achat d'une maison payable par annuités. — Caisse commune d'assurance contre les accidents de travail en faveur des ouvriers qu'emploient les patrons membres de l'Association. — Mutuelles d'assurance contre les accidents de voyage. — Bureaux de recouvrement de créances litigieuses. — Coopératives d'achat en commun de matières premières, marchandises et outils. — Assurance contre le bris des glaces. — Mutualités pour maladie, invalidité, vieillesse. — Caisses locales de crédit et d'épargne. — Syndicats de petit outillage. — Secrétariats d'apprentissage. — Cours commerciaux et techniques.

3) *L'enseignement.* — Les C. M. ont une université : « *L'Université des Classes moyennes* », fondée à Gand, grâce à la générosité de M. Vander Cruyssen (entré depuis peu à la Trappe de Solignies).

Elle est dirigée par M. Hector Lambrechts, et compte 5 branches : la presse ; la documentation ; l'organisation commerciale et économique ; l'organisation interne ; l'organisation de l'enseignement.

4) *Programme d'action législative.* — La F. N. et le S. G. travaillent à faire modifier et compléter au profit des Classes moyennes la législation sociale existante.

Ils réclament, par exemple, une loi sur la faillite des non-commer-

---

1. Cf. bulletin « *Les Classes moyennes* », 8 octobre 1920, article, M. I. Lambrechts.

çants ; l'interdiction aux corps officiels de faire la concurrence aux métiers et négoces (par ex. : par les magasins communaux) ; la participation des métiers et négoces aux adjudications publiques ; la création d'un capital pour subsidier et aider les associations de crédit mutuel ; la réglementation du colportage, des marchés, des ventes publiques et de toute autre forme de commerce ; l'extension de certaines lois ouvrières aux C. M., par ex. : la loi sur les habitations à bon marché et sur les assurances sociales ; l'égalité effective devant l'impôt pour les commerçants, les industriels, les coopératives, les sociétés anonymes et toutes les autres sociétés ; une loi sur la police du commerce ; le repos dominical complet.

5) Les Classes moyennes comptent des *groupements patronaux* parmi lesquels il convient de signaler ceux des Diamantaires, des Forgerons, des Métiers du bois, des Négociants en lin, des Brodeurs d'or, des Boulangers, des Tapissiers, etc...

Sur l'initiative de la F. N. des C. M. un *groupe parlementaire* de droite (Chambre et Sénat) s'est constitué pour la défense des Classes moyennes.

Le 11 août 1921, l'Association, dans une réunion tenue à son siège, a jeté les fondements d'une *Internationale des Classes moyennes*, dont le siège est à La Haye. (257, Laan von Meerdervoort.)

D. — DANS LES MILIEUX RURAUX.

1) *Fermières et ménagères à la campagne.* — Le « **Comité national des Fédérations des Cercles de Fermières et Ménagères** », fondé en pleine exposition de Bruxelles (1910) au pavillon de la Fermière, groupe actuellement les 7 grandes Fédérations suivantes comptant 34.646 membres, répartis en 356 Cercles (parfois constitués en Unions professionnelles).

	Cercles.	Membres.	
F.C.F. du Boerinnenbond belge[1].	220	21.161	Direct. : M. l'abbé Van Olmen, 24, r. des Récollets, Louvain.
F. C. F. Flandre Orientale.....	51	9.000	Direct. : Mme la Baronne della Faille d'Huyse, Deurle.
F. C. F. du Brabant Wallon ...	52	1.753	Présidente : Mme de Lalieux de la Rocq. Place St-Paul, Nivelles.
F. C. F. du Hainaut..........	26	3.584	Prés^te : Mme la Princesse de Croÿ Solre. Secrétariat : Bd Saintelette, Mons.
F. C. M. de la Prov. de Liège.	13	1.500	Direct. : M. l'abbé Thyri, rue de Sélys, 24, Liège.
F. Luxembourgeoise des C. F.	23	1.600	« M. l'abbé Henry, Rochefort.
F. C. F. de la Prov. de Namur.	38	2.897	« Mme de Dorlodot à Suarlée (Namur).

[1]. 58 nouveaux cercles, (6.849 membres) pour l'année 1919-1920.

1914	136 cercles	15.041 membres
1919	153 »	14.312 »
1920	220 »	21.161 »

a) **But du Comité** : « étudier les questions agricoles, morales, sociales et économiques qui peuvent intéresser l'ensemble des Fédérations ; organiser des Congrès de fermières ; s'entendre pour la défense des intérêts communs des Fédérations, leur fournir des renseignements et étudier toutes mesures utiles à leur bonne marche ; éventuellement, concilier les intérêts des Fédérations à la demande de celles-ci. »

b) **But des Cercles** : développer chez les fermières et les ménagères la conscience et le goût de leur mission sociale ; en outre, améliorer leur sort en accroissant leur valeur professionnelle, morale et religieuse.

c) **Activité**. — En 1919, 356 conférences furent données.

On avait choisi les sujets les plus intéressants pour les ruraux : rôle de la fermière dans l'exploitation agricole, culture maraîchère, cuisine, économie domestique, instruction professionnelle de la jeunesse des campagnes, mouvement social féminin à la campagne, embellissement de la ferme, puériculture, hygiène à la campagne, aviculture, etc., etc.

Des journées d'études, des assemblées régionales, des « triduums ménagers », des cours officiels, des « semaines alimentaires » furent également organisés, et des bibliothèques furent créées.

d) **Annexes**. — Les Cercles de Fermières ne négligent pas de promouvoir d'autres œuvres.

Celui de Templeuve, par exemple (11ᵉ année d'existence, Union professionnelle reconnue), que dirige M. l'abbé Everbecq, a sous sa dépendance, un Cercle d'éducation familiale (380 membres), un Cercle d'infirmières et un Cercle féminin d'études apologétiques et sociales (13 membres, 5ᵉ année). De 1914 à 1920 il créa successivement pour sa région « l'alimentation populaire », l'œuvre de la Goutte de lait, la consultation des nourrissons, un cours d'alimentation économique, des cours de Croix-Rouge, des cours d'infirmières, l'assistance aux femmes en couches, un cours élémentaire d'éducation familiale, un cours d'apologétique scientifique et de sociologie, une école ménagère agricole temporaire, des conférences coloniales. En plus, il distribua 4.500 brochures traitant d'éducation professionnelle et familiale, et publia 650 exemplaires d'un grand plan d'étude du cours supérieur d'éducation familiale (M. l'abbé Everlecq), ainsi qu'un cours général d'éducation familiale (3 vol. [1]). Depuis sa fondation, il a distribué 5.700 tracts d'éducation, vendu 12.480 journaux illustrés pour enfants, et 21.600 journaux sociaux et professionnels.

e) **Journaux**. — Le Comité national des Cercles de Ménagères

---

[1]. *Action catholique, Bruxelles.* En souscription : 15 fr. les 3 vol. Le 3ᵉ volume comporte des questions réservées aux parents et aux éducateurs.

rurales a ses deux journaux : « *La Femme à la Campagne* », 113, boulevard Sainctelette, Mons ; — *De Boerin* (Boerenbond).

Son siège est à Bruxelles. Présidente : Mme la baronne Rotsaert de Hertaing, Square Marie-Louise, 58, Bruxelles. — Secrétaire : Mlle Focau, 75, Boulevard Clovis (Secrétariat des Œuvres féminines).

2) *Comité national des Fédérations agricoles libres.* — Ce Comité présidé par M. le baron della Faille d'Huyse, Deurle, groupe actuellement les Fédérations des provinces de Flandre orientale, de Hainaut, de Liège, de Namur ; la Ligue luxembourgeoise et le Boerenbond, dont l'action s'étend à la Flandre Occidentale, Brabant, Anvers, Limbourg.

a) **La Fédération agricole de la Flandre Orientale** (*Landbouwersbond van Oost-Vlaanderen*), créée à Gand en 1893 (siège : place du Lion d'Or), déploie une activité sociale et politique à la fois.

Les divers services sociaux agricoles dont bénéficient ses adhérents [1] sont assurés par neuf organisations : Fédération des caisses de pension de l'arrondissement de Gand ; — Fédération des mutualités « Ziekenbeurzen » de l'arrondissement de Gand ; — Caisse de réassurance des Ziekenbeurzen de l'arrondissement de Gand ; — Caisse provinciale de réassurance pour chevaux (Fl. Orientale) ; — Caisse provinciale de réassurance pour bétail (Fl. Orientale) ; — Caisse provinciale de réassurance pour race ovine et caprine ; — Fédération provinciale des syndicats d'amélioration pour la race ovine et caprine ; — Caisse provinciale de réassurance pour la race porcine de la Flandre Orientale ; — Fédération provinciale des Cercles de fermières de la Flandre Orientale.

Ces sociétés ont toutes leur siège au local « Landbouwershuis », place du Lion d'Or, à Gand, propriété de la société anonyme « Landbouwersbond van Oost-Vlaanderen », laquelle est distincte des organisations sociales qu'elle abrite.

Au point de vue politique, le Landbouwersbond représente officiellement la classe agricole au Comité central de l'Association constitutionnelle catholique de l'arrondissement. Il a ses mandataires à la Chambre des représentants et au Sénat.

Remarques. — 1. Dans le domaine social, le Landbouwersbond, spécialement en ce qui concerne les « gildes », collabore avec le Boerenbond de Louvain.

2. A côté du Landbouwersbond et siégeant au même local, existe une association d'achat en commun, « Samenaankoop », qui achète en gros et revend aux agriculteurs, aux conditions les plus avantageuses, graines, semences, engrais.

---

1. Chaque commune rurale ou semi-rurale a son « bond » ou « gilde » qui délègue ses mandataires pour élire le comité.

b) ***Fédération agricole de la Province de Liège.*** (Siège social, 24, rue de Sélys, Liège. — Organe officiel, *Le Syndicat liégeois.*)

Toutes les œuvres agricoles catholiques de la province de Liège se rattachent originairement au « Syndicat agricole liégeois ». Issu de la corporation de Notre-Dame des Champs et organisé légalement en Société coopérative, le 25 avril 1887, ce syndicat retoucha ses statuts à diverses reprises pour les mettre en accord avec les lois du 31 mars 1898 et du 24 novembre 1903. Tout en conservant sa dénomination primitive, il devint un organisme aux formes d'activité très variées.

Actuellement il patronne la Fédération agricole de la province de Liège qui assume la direction de toutes les œuvres agricoles libres et groupe 60 Unions professionnelles (Directeur R. M. l'abbé Thiry, 24, rue de Sélys, Liège ; la Fédération des laiteries coopératives (15 sociétés) ; la Société coopérative centrale de crédit agricole (42 caisses rurales) ; la Fédération de réassurance du bétail de la province de Liège, groupant 80 sociétés mutuelles locales ; 12 sociétés de réassurance chevaline et 13 de réassurance porcine.

D'accord avec le Boerenbond Belge, un service d'assurance « accidents » fonctionne. Dans la région flamande de la province, quelques « gildes » ont été fondées par le Boerenbond.

Remarque. — A côté de la Fédération agricole de la province de Liège il existe quelques syndicats indépendants mais catholiques. Les deux principaux sont le Syndicat de Notre-Dame des Champs (Herve) et le Boerenbond (Aubel).

c) ***Fédération agricole du Luxembourg.*** — « *Ligue luxembourgeoise.* » La Ligue luxembourgeoise compte déjà 25 ans d'existence. Organisée en 1896, elle créa successivement un service d'achat et de vente d'engrais et machines agricoles, un service de renseignements gratuits, une service d'assurance incendie, une caisse centrale de crédit agricole (1897), une fédération des agriculteurs (1898), un service de conférences (1899). En 1899, elle transformait les syndicats agricoles, jusque-là sans forme légale, en Unions professionnelles. (Loi du 31 mars 1898.) En 1903 elle avait sa caisse provinciale de réassurance du bétail, et en 1903 un service d'inspection des laiteries sous les auspices du gouvernement. La statistique de 1914 accusait 246 Unions professionnelles, 117 Mutualités d'assurance bovine, 38 d'assurance chevaline et 115 Caisses de crédit rural.

Depuis, ces chiffres ont baissé, mais la réorganisation qui se poursuit donne tout lieu d'espérer qu'ils remonteront. Le siège de la Ligue est à Arlon (70, Avenue J.-B. Nothomb.). Directeur, M. D. Hallet.

d) ***Fédération agricole du Hainaut.*** — Cette Fédération fondée en 1897 groupe les Unions professionnelles agricoles de la province du Hainaut et assure les services habituels d'assurance, mutualités, coopératives, etc... Enghien et Mons s'en partagent l'administration.

Enghien, où réside M. l'abbé Berger, est le siège de la coopérative « Les cultivateurs du Hainaut » (machines agricoles, appareils de laiteries, engrais), et le centre des Unions professionnelles, des assurances de bétail, ainsi que de la société de prêts pour habitations ouvrières. Mons (M. l'abbé Pollet, 113, boulevard Sainctelette) a la Caisse centrale de crédit agricole du Hainaut, ainsi que les œuvres féminines rurales, Cercles de ménagères, etc... L'organe de la Fédération est « *La Croix des syndicats* » (4.000 exemplaires).

e) *Fédération agricole de la province de Namur.* « *Ligue agricole.* » (Siège : Ermeton-sur-Biert. Directeur M. Massez.)

1) Quatre dates jalonnent l'histoire de la Ligue agricole de la province de Namur.

1888. Création d'une association des sociétés agricoles existantes, mais sans lien légal encore. Organe mensuel « *La Défense agricole* ». — *1893.* Fondation de la Coopérative « Le Syndicat de l'Entre Sambre et Meuse, à laquelle plusieurs groupes locaux s'affilièrent. — *1902.* Reconnaissance légale de ces groupes : constitution sous forme d'Union professionnelle et fédération de toutes ces organisations professionnelles. De là sortit la « Ligue agricole de la province de Namur », elle-même Union professionnelle reconnue et distincte du syndicat. — *1908.* Remaniement du syndicat qui devient le « Syndicat agricole de la province de Namur ».

2) La Ligue a pour but de promouvoir le développement des organisations professionnelles agricoles, d'organiser des services d'inspection, des conférences, des concours, des congrès. Elle a sa bibliothèque, son musée, etc...

Avant la guerre elle comptait 123 organ. prof. agric., 21 caisses de crédit, une caisse centrale, des caisses rurales, 38 cercles de fermières, 1 syndicat caprin, 2 syndicats cunicoles, 2 sociétés d'assurance contre la tuberculose bovine. Le syndicat d'achat et de vente actuellement dénommé : « Agrinamur syndicat », avait atteint un chiffre d'affaires de 700.000 fr. Depuis, Ligue et syndicat se réorganisent. Le journal hebdomadaire, les conférences témoignent du relèvement sérieux de toute cette organisation si florissante avant la guerre.

f) *Le Boerenbond.* — Fondé en 1887, par M. l'abbé Mellaerts, pour protéger et défendre les intérêts de la classe agricole, le Boerenbond, à la fin de 1920, comptait 951 gildes (93.000 membres) [1]. Il a son siège à *Louvain, 24, rue des Récollets*. C'est là qu'il cen-

---

[1]. Les statistiques citées sont empruntées au rapport du Boerenbond pour 1920 (16 mai 1921).

tralise la vaste administration de 7 grandes sections économiques et sociales [1].

1. **LIGUE DES FERMIÈRES.** — 220 cercles ; 21.161 membres. — Journal : *De Boerin* (voir plus haut, p. 7 et 8).

2. **FÉDÉRATION GÉNÉRALE DES HORTICULTEURS.** — Cette Fédération possède 3 bureaux — à Louvain (central), Termonde et Malines (comptoir autonome) — qui dirigent la vente des produits maraîchers, agricoles et horticoles (au total pour 3.042.937 fr. en 1919) et fournissent à leurs adhérents semences, plantes et accessoires (au total pour 1.333.451 fr. 55 en 1920). En 1918, elle a collaboré à la fondation d'Ecoles d'horticulture, actuellement fédérées, au nombre de 13. Elle fait donner également des conférences d'horticulture aux institutrices et aux dirigeantes des Cercles de fermières : 147 en 1920.

3. **COMPTOIR D'ACHAT ET DE VENTE.** — Le Bureau central a son siège à Louvain, avec succursales à Anvers (magasin et moulin), Hasselt et Louvain. En 1920 ont été passées et enregistrées au Comptoir 8.614 commandes par les sections d'achat de ses gildes. Son chiffre d'affaires a atteint 205.811.430 fr. 49.

4. **INSPECTION DE LAITERIES.** — 148 laiteries coopératives sont « affiliées » au Boerenbond (Anvers, 26 ; Brabant, 26 ; Limbourg, 79 ; Flandre Orientale, 16). En Flandre Occidentale, 22 laiteries affiliées en 1914 ont été détruites ou ont cessé toute activité.

5. **CAISSE CENTRALE DE CRÉDIT.** — A cette Centrale sont affiliées 733 Caisses locales (sur les 1.127 qui existent en Belgique). Le capital de garantie est de 17.248.000 fr. ; les parts sociales, souscrites à 100 fr., étant au nombre de 17.248, chacune est donc garantie dans une proportion qui égale et même dépasse 10 fois sa valeur nominale.

Le roulement de fonds a été, en 1920, de 806.597.826 fr. 17 ; en 1919, de 945.864.981 fr., surpassant de 363.066.376 fr. celui de 1918 ; (en 1897, il s'élevait à 522.058 fr., et en 1914, à 45.690.187 fr.) La Caisse centrale a accordé 103 ouvertures de crédit (4.1000.000 fr.) ; 564 (9.950.450 fr.) sont actuellement en cours (2.827.970 fr. 99 utilisés effectivement). Les dépôts d'épargne atteignent une valeur de 228.806.449 fr. 36 (16.110.071 fr. en 1913), dont 144.866.563 fr. 67 à vue ; 5.464.958 fr. 50 de particuliers ; 78.474.927 fr. 19 à terme (5 et 10 ans). En vue d'achat de maisons, fermes, terrains pour construction, etc..., 144 prêts fonciers ont été consentis (1.716.000 fr.).

En 1919, de « *petits crédits* » ont été ouverts aux petits cultivateurs sinistrés, ainsi qu'aux invalides de guerre. Un service — très heureusement inspiré — d'avances pour la réparation des dommages de guerre reprend les droits à indemnité des intéressés et en paye le montant immé-

---

1. Les publications du Boerenbond sont : *De Boer*, *De Boerin* et *Le Paysan*.

diatement. 881 avances ont été faites ainsi, d'un total de 7.944.488 fr. (3.591.634 fr. payés fin décembre). Les chiffres pour 1920 sont respectivement 2.654 et 1.308. 625 fr.

6. SERVICE D'INSPECTION. — Dix-neuf inspecteurs assurent l'activité des sections locales. Ils convoquent à l'occasion les membres à une assemblée générale (64 en 1919 et 84 en 1920.) Ils ont charge de visiter les sections d'achat, les caisses d'épargne et de crédit, etc...

7. SERVICES D'ASSURANCES.

a) *Mutuelle belge contre l'incendie* (B. O. B.). — Elle fut fondée par le Boerenbond, le 10 avril 1917, en pleine guerre. Jusqu'à cette date, les primes d'assurances étaient payées à deux compagnies étrangères, la Norwich Union et l'Helvetia. Le nombre de polices en portefeuille en 1919 s'élevait à 18.382, pour un capital assuré de 289.035.944 fr. ; les primes versées par les assurés, à 430.640 fr. Pour 1920, les chiffres sont : polices 30.155 (740.234.506,00) ; primes versées : (1.100.086,43 fr.).

N. B. — Outre la *Mutuelle belge contre l'incendie*, le Boerenbond possède encore une *Caisse centrale des mutuelles-incendie* (siège à Roulers) fédérant les sociétés locales d'assurance contre l'incendie. La Mutuelle belge tâche de réassurer les sociétés locales.

b) *Assurances sur la vie.* — Ces assurances sont placées soit à Stuttgart[1] (capital assuré : 982.600 fr. ; primes : 40.355 fr.), soit à la « Royale belge » (capital : 117.000 fr. ; primes : 7.628,42).

c) *Assurances contre la grêle.* (Capital assuré : 5.206.659 fr. Primes : 54.949,26 fr.)

d) *Sociétés de Secours Mutuels.* — Trois Fédérations provinciales ont leur siège au Boerenbond : la Fédération de réassurance bovine du Brabant : 6.050 membres ; 11.403 animaux assurés pour une valeur de 9.872.532 fr. Primes : 32.245,30 fr. — La Fédération de réassurance bovine du Limbourg (25.507 têtes). — La Fédération de réassurance chevaline du Brabant : 2.836 membres ; 3.841 chevaux pour une valeur de 4.594.485 fr. Primes : 61.148 fr. 06).

Remarques. — I. D'un commun accord, en 1905, les diverses Fédérations agricoles libres du pays fondèrent la « *Caisse commune d'assurance des Cultivateurs-belges* (O. B. B) », et l' « *Assurance agricole* (L. A) ».

La *Caisse commune* assure le personnel « ouvrier » des cultivateurs, des petits industriels ruraux, des négociants et des artisans qui tom-

---

1. En vertu du traité de paix, les assurances Stuttgart, comme toutes les autres assurances allemandes d'ailleurs, ont été attribuées aux Etats alliés. L'Etat belge gère provisoirement ces assurances qui seront remises plus tard aux Sociétés belges ou constitueront le fonds des « Assurances d'Etat » que, paraît-il, M. Wauters voudrait créer.

vent sous l'application de la loi du 24 décembre 1903. Polices : 8.412. Hectares [1] : 132.443,80. Primes : 1.673.649,04.

L'*Assurance agricole* (L. A) garantit cultivateurs et industriels contre les accidents qui les atteindraient eux ou les membres de leur famille, également contre tous accidents entraînant pour l'exploitant une responsabilité civile. La même société assure complètement les chefs d'entreprise qui ne sont pas visés par la susdite loi de 1903.

Pour 1919, les chiffres étaient : Polices : 25.024. Hectares : 293.816,88. Primes : 602.109 fr.

En 1920 : Polices : 26.216. Hectares : 297.526,33. Primes : 866.987,41.

II. La *Société belge de Défrichements* s'est constituée en 1913. Elle a des liens étroits avec le Boerenbond, et travaille aux défrichements des marais et vieilles pineraies. Elle s'occupe aussi d'estimations de terrains, de bois, évalue les dommages de guerre, etc.

L'œuvre accomplie par elle dans les plaines ravagées de la Flandre a été très remarquée (plus de 2.000 Ha rendus à la culture en quelques mois). Quand l'Etat entreprit lui-même des travaux de restauration, la Société s'est vu adjuger divers secteurs (Lombaertzyde, Merkem, Ypres-Voormezeelle, Zonnebeke, Kemmel, etc.). Au 31 décembre 1920, elle y avait entièrement remis en état 3.029 H a, retracé tous les chemins de terre et terminé le curage de 145 km de ruisseau et cours d'eau latéraux. La Société occupe 6.000 ouvriers avec, à la tête de chaque secteur, un inspecteur, assisté de plusieurs surveillants et chefs d'équipe (salaires payés : 16.446.723,33 fr.).

III. *Service des Régions dévastées.* (Extrait du rapport de M. le chanoine Luytgarens.)

Dans la West-Flandre dévastée le Boerenbund a poursuivi son grand effort de restauration matérielle et morale.

Le service pour la restauration de la Flandre Occidentale, qu'il organisa à cette fin à Roulers, s'attacha à donner aux sinistrés tous les renseignements qui pouvaient leur être utiles dans la situation pénible où ils se trouvaient ; il les assista d'une manière spéciale en tout ce qui concerne la réparation des dommages de guerre.

Le *Bureau des Architectes,* qui en relève, avait dressé en novembre 200 plans et, au 31 décembre 1920, l'Association West-Flamande de construction, un consortium d'entrepreneurs travaillant exclusivement pour le compte du Boerenbond, avait entièrement achevé 153 fermes ou habitations rurales ; 34 étaient couvertes et les travaux de construction de 3 autres étaient entamés.

A la date du 31 décembre 1920, la Caisse centrale de Crédit avait consenti à la Flandre Occidentale des avances d'un import de 41.777.821 fr. sur le droit à l'indemnité pour dommages de guerre.

---

1. Le montant de la prime à verser pour s'assurer contre les risques d'accident et la responsabilité civile est déterminé par le nombre d'hectares (possédés ou affermés).

Une souscription ouverte dans nos gildes au profit des régions éprouvées rapporta 63.459 fr. 05.

IV. Depuis la guerre, le Boerenbond s'est fortement développé. Ses dirigeants croient pouvoir dire qu'actuellement il constitue, pour les éléments agricoles du pays flamand, un *organisme complet de classe*. Les rouages se sont perfectionnés au point « qu'il n'y a pas un besoin exigeant l'action collective de la classe organisée pour lequel le Boerenbond n'offre de ressources ». La question de la « Standsorganisatie » (organisation de classe, organisation professionnelle dans le sens très large) s'est donc posée, et ce fut le sujet des journées d'études très intéressantes du 3 au 6 janvier 1921.

Le Boerenbond ne poursuit plus seulement le relèvement moral et religieux, social et économique de la classe agricole, il entend défendre et promouvoir ses intérêts également sur le terrain politique. Actuellement, il représente une force sociale de toute première importance, dont cet exposé, forcément très sommaire, n'a pu indiquer qu'assez insuffisamment la puissance et la portée.

II. — La Protection des Travailleurs et du Travail.

A. — LES MUTUALITÉS.

1) On connaît les différents services qu'assument les Sociétés mutualistes : service des soins médicaux et pharmaceutiques ; service des indemnités en cas d'incapacité de travail, d'invalidité prématurée ; assurance contre la vieillesse. L'*Alliance nationale des Fédérations mutualistes chrétiennes de Belgique* (on compte, en général, une Fédération par arrondissement dans chaque province) veille au développement progressif de chacun d'eux, à l'intérieur des Fédérations [1].

Fondée en 1906, et reconnue par arrêté royal le 20 mai de cette même année, elle groupait avant la guerre : 33 Fédérations de réassurance, soit 101.000 membres des Mutuelles contre l'invalidité prématurée ; — 38 Fédérations de Caisses de secours, réunissant elles-mêmes 170 Sociétés et plus de 200.000 membres ; — 58 Fédérations de retraite avec leurs 500.000 membres distribués entre 3.500 Caisses de retraite contre la vieillesse.

Comme tous les organismes sociaux belges, l'A. N. a été fortement éprouvée par la dure et longue occupation allemande.

---

1. Le conseil d'administration, composé des mutualistes les plus compétents de chaque province, se réunit régulièrement pour étudier toutes les questions intéressant la mutualité et donner des directives pratiques aux organisations affiliées.

Elle se relève pourtant, et les projets successifs qu'elle a élaborés ainsi que les modifications apportées à son organisation sont les meilleures preuves de son énergique vitalité. Signalons au passage : un projet de loi sur les assurances sociales ; un autre sur les pensions de vieillesse et les décès prématurés ; l'organisation de congrès provinciaux, de journées d'études ; le développement de son service de conférences ; la création de services antituberculeux, par exemple cure d'air de Mont-sur-Meuse ; l'extension des Mutualités féminines.

L'Alliance Nationale a son siège au local *Patria*, 23, rue des Marais, Bruxelles. Son président est M. E. de Pierpont (Rivière, Namur) ; son secrétaire M. l'abbé Eeckhout (110, rue des Rémouleurs, Gand). Elle publie : « *De Gids van den Onderlingen Bijstand* et « *Le Bulletin de la Mutualité* ». Certaines Fédérations ont aussi leur bulletin spécial, par exemple : la Fédération du Centre et de l'Arrondissement de Soignies (Directeur : M. Senel, 67, rue Hamoir La Louvière), la Fédération de l'Arrondissement de Namur (Directeur M. Attout). Chaque Fédération possède son secrtariat permanent.

Mutualités scolaires. — Des mutualités scolaires (sections garçons, sections filles) s'organisent graduellement dans les provinces wallonnes. L'initiative partit, il y a dix ans, de Sclessin-lez-Liège, où M. l'abbé Tassin, actuellement directeur des Œuvres sociales à Huy, fonda la première. Le siège central en est à Huy, 2, rue des Foulons. La Fédération comprend trois caisses : maladie, — fin d'études, — décès.

Remarques. — 1) Une Commission officielle dite « *Commission des Assurances sociales,* créée par le Ministère de l'industrie et du travail, étudie en ce moment un projet de loi en matière d'assurance — maladie et invalidité.

2) En parlant du Boerenbond nous avons signalé plus haut les deux organismes d'assurance des cultivateurs contre les accidents : la « *Caisse commune d'assurance des Cultivateurs belges* » et « *l'Assurance Agricole* ».

2) En plus des Sociétés mutualistes assurant les personnes, chaque province en possède d'autres pour garantir les *biens* et les *animaux*. Mais seules les Assurances contre la mortalité ou la maladie des animaux de ferme et les Assurances des récoltes contre les intempéries (incendie exclus) bénéficient des avantages accordés par la loi aux Sociétés mutuelles.

Les Sociétés mutuelles d'assurance contre la *grêle* sont fort peu développées, par suite de l'importance des risques et de l'irrégularité des dégâts. Par contre, celles qui assurent les *animaux* de ferme sont très nombreuses (assurances chevaline, bovine, ovine, caprine, porcine). Paroissiales ou tout au plus cantonales, elle ne ne sont pas groupées en un organisme national, mais ont simplement constitué des Fédérations provinciales gérant chacune leur Caisse de réassurance provinciale. On peut citer : Fédération de la Flandre orientale. Gand, Place du Lion d'or. — Féd. du Brabant (local du Boerenbond, mais sans affiliation au Boerenbond lui-même). — Féd. du Limbourg, Hasselt. Féd. de Liège, 24, rue de Sélys. — Dans la Flandre occidentale, l'assurance contre la mortalité des animaux est *obligatoire*. Les cotisations de ces mutualités sont établies d'après le taux de mortalité dans la région.

Les risques *d'incendie* sont assumés par :

« La Mutuelle Belge contre l'incendie » et la « Caisse centrale des Mutuelles-incendie. » La Mutuelle belge contre l'incendie a été fondée le 10 avril 1917, au sein du Boerenbond (cf. Boerenbond). Comme nous l'avons dit, elle étend ses opérations sur toute la Belgique.

La Caisse centrale des Mutuelles-incendie est une fédération de sociétés locales, constituée également au sein du Boerenbond. Son siège est à Roulers, parce que la plupart des sociétés affiliées appartiennent à la Flandre Occidentale. (Bureaux à Louvain, au Boerenbond.)

B. — BOURSES DU TRAVAIL

Les « *Bourses libres du Travail* » (rue Plétinckx, 19, Bruxelles), organismes centralisant offres et demandes de service en vue du placement des ouvriers et ouvrières, étaient très prospères avant la guerre.

Sur 49 Bourses du Travail existant en Belgique, la *Fédération des Offices de placement libres* en comptait 39, et telle Bourse allait jusqu'à satisfaire à 90 % des demandes de service qui lui avaient été adressées (Soignies, Cercle ouvrier Léon XIII). Louvain atteignait 80 % ; Bruges (Oudenburgstraat), 63 %.

Actuellement, conséquence de l'initiative du ministre Wauters, les Bourses libres du Travail sont fortement atteintes. Les 28 qui restent sont subsidiées de manière dérisoire au profit des nouvelles « *Bourses officielles* ». Notons qu'en 1913, comme le signale M. Defourny dans un article de la *Revue sociale catholique* [1], les 49 Bourses du Travail du pays ont coûté au Trésor public 75.398 fr. [Etat, 31.070 fr. (sur un budget de 40.000) ; — provinces, 11.227 fr. ; — communes, 33.101 fr.]. Les frais de l'organisation « officielle » dépasseront un million de francs, et la bureaucratie ne remplacera jamais le dévouement désintéressé.

C. — CAISSES DE CHOMAGE

Les « *Caisses de chômage* » sont rattachées aux syndicats des différentes professions cités plus haut (p. 3). Ceci s'explique, vu que le risque varie avec la profession.

Pour être susceptible de bénéficier de cette assurance mutuelle

---

1. *R. S. C.*, juin 1919, Gaspillage et démolition à propos de Bourses du Travail, p. 93. — *R. S. C.*, décembre 1919, Faits et documents, p. 280.

(qui ne jouit aucunement des privilèges accordés par la loi sur les sociétés mutualistes), le travailleur doit verser une cotisation hebdomadaire ou mensuelle dont le taux est fixé eu égard à l'âge ou au risque de chômage propre à tel ou tel genre de métier.

N. B. — Depuis 1904, des « *Fonds communaux ou intercommunaux* » secondent les Caisses de chômage. Considérablement multipliés depuis la guerre, ils ont été renforcés, depuis le 8 février 1921, par le « *Fonds national de crise* », organisme officiel (passager, semble-t-il) qui sous leur contrôle, ainsi que sous celui des Caisses de chômage, octroient des allocations aux chômeurs.

D. — Les **BUREAUX DE RENSEIGNEMENTS** (« *Inlichtingsbureelen* »).

Au « *Gildenhuis* », 52, rue de Mérode, à Malines ; au « *Christen Volkshuis* », 25, marché St-Jacques, à Anvers, sont établis deux « *Bureaux de renseignements* », fondés respectivement en mai et juin 1919. Reprise en terre belge de la « Centrale de Fulham » (Londres), qui, pendant la guerre, rendit de si précieux services aux émigrants belges ; ces bureaux sont destinés à fournir aux ouvriers les renseignements les plus variés.

Au lendemain de l'armistice, ils se firent une spécialité de « *cas anglais* » — ristournes d'assurances anglaises (1.225 cas) ; income-tax, war bonds, war savings certificats... Actuellement, ils traitent des cas exclusivement belges, tels que : formalités pour obtenir la pension de vieillesse ou le rappel des sommes non payées ; demandes de dommages de guerre, rédaction des formules et indications diverses ; application de la loi nouvelle sur les loyers, etc., etc...

Le succès croissant de ces « Inlichtingsbureelen » en montre la valeur sociale, sans compter que le contact avec des ouvriers de toute condition permet à l'activité apostolique d'atteindre des milieux qui, sans cela, lui échapperaient.

III. — La Coopération.

Nous avons signalé déjà les syndicats d'achat, de vente, les laiteries coopératives (coopératives de production à forme imparfaite [1]), les caisses Raiffeisen (coopératives de crédit rural), la Coopérative centrale des Classes moyennes, « *Caisse générale d'achat* » (10, rue Pierre de Brucker, à Jette). Ce sont, avec les coopératives ouvrières de consommation, les modalités de coopération les plus prospères. Ces dernières surtout, rattachées en majorité à la « *Coopérative belge* » centrale, fondée à Bruxelles

---

1. Dans la coopérative à « *forme parfaite* » (peu répandue), la société « englobe *toute l'activité professionnelle* de ses membres ». Dans la coopérative à « *forme imparfaite* », les associés ne sont unis que pour *une des parties, une des phases de la production*. (Cf. *Manuel social*, Vermeersch-Müller, II, 158-167.)

en mars 1919 (rue Grisar, 10), sont particulièrement intéressantes par les progrès qu'elles ont réalisés dans toutes les provinces depuis l'armistice.

Le « *Groupement* **Fédéral** *Ouvrier Catholique* » de la province de Liège, par exemple, a 100 coopératives locales affiliées, alors qu'avant la guerre il n'y en avait que 6 pour toute la province de Liège [1]. La « *Populaire* » de Namur et Luxembourg compte actuellement 24 succursales, 5.060 coopérateurs (3.036 en 1919). En un an, elle a vu son capital souscrit passer de 296.849 fr. 45 à 1.000.000, et son chiffre d'affaires monter de 805.700 à 3.216.293 fr. 57.

Aussi tout fait prévoir un développement intense des centres coopérateurs, et les organismes de la première heure, « *Les Ouvriers réunis* » (Charleroi), « *Het Volk* » (Gand), etc..., dont nous regrettons de ne pouvoir citer ici que les noms, verront de plus en plus s'affermir le mouvement dont ils ont été précurseurs.

IV. — Enseignement Technique et Agricole.

Grâce aux initiatives épiscopales et religieuses, l'*enseignement technique* catholique (industriel, commercial, professionnel) et *agricole* s'est fortement développé en Belgique [2].

A. — Citons pour les **Jeunes filles** [3] :

Les *Ecoles professionnelles du degré supérieur* (culture générale, travaux accessibles aux femmes ; coupe, confection, comptabilité, etc.) : Anvers, Diest, Enghien, Etterbeek, Frameries, Gand, Grammont, Héverlé, Ixelles, Lacken, Lessines, Liège, Louvain, Malines, Molenbeek, Namur, St-Gilles, St-Josse, Schaerbeek, Uccle... ; — les *Ecoles professionnelles ménagères* (synthèse de l'initiation aux professions féminines et aux travaux ménagers) : Bruges, Lierre, Brainel'Alleud, Gosselies, Hal, Hoegaerde, La Louvière, Mons, Nivelles, Quiévrain, Renaix, St-Ghislain, St-Trond, Soignies, Tournai, Vilvorde... ; — les *Ecoles ménagères professionnelles* (études pratiques ménagères à l'avant-plan) : Héverlé, Gilly... ; — plusieurs *Ateliers d'apprentissage,* dont certains dépendant de secrétariats sociaux féminins (Namur, place Lilon, etc...), ainsi que des *Cours professionnels* qui iront se multipliant à la suite du vote de la loi sur l'enseignement au 4ᵉ degré primaire ; — une *Ecole supérieure d'agriculture* (Héverlé) ; — des *Ecoles ménagères agricoles* (Bastogne, Berlaen, Brugelette, Celles, Ciney, Cortemark, Gooreind, Gysegem, Herve, Maulde, Overyssche, S'Gravenwezel...) ; — des *Sections ménagères agricoles* à Zeelhem, Waremme, Heule...

---

1. Bulletin récemment fondé, « *Nos Coopératives* », n° 1.
2. Le plus récent recensement officiel date de 1913.
3. La plupart de ces écoles sont dirigées par des religieuses.

Remarques. — 1) A Bruxelles, rue des Eperonniers, 44 (Secrétariat féminin de l'arrondissement de Bruxelles), il existe un « *Office d'orientation professionnelle pour jeunes filles* ». Ce service, très bien organisé, est annexé au Secrétariat d'apprentissage. Ce même Secrétariat est encore le centre de l' « *Association nationale du Personnel de l'Enseignement professionnel* [1] ».

2) A Bruxelles, 40, rue de l'Union, se trouve le centre de l' « *Union nationale des Institutrices chrétiennes de Belgique* ». Cette Union groupe les institutrices chrétiennes, « en vue d'établir entre elles des liens d'entr'aide pour leur soutien moral et matériel, ainsi que pour leur perfectionnement personnel et social » (art. 2). — L'Union comprend des « *Sections provinciales* ».

B. — Les **Jeunes gens** ne sont pas moins favorisés :

1) Pour les Etudes Techniques, ils ont :

a) les *Ecoles supérieures spéciales de Brasserie* : Louvain (Université), Gand (Institut St-Liévin), La Louvière (St-Joseph) ; — celles d'*Arts et métiers* : Pierrard-lez-Virton, formant des ingénieurs d'arts et métiers (direction des Aumôniers du Travail), Liège (Ecole technique St-Louis, formant des ingénieurs techniciens) ; — celles de *Commerce* : Louvain (Université), Mons (Ecole supérieure commerciale et consulaire), Anvers (Ecole supérieure de Commerce et de Finances annexée à l'Institut St-Ignace) ;

b) les *Ecoles industrielles* d'Anvers et de Seraing (Aumôniers du Travail), d'Ardoye, de Bruxelles (St-Georges), d'Eecloo, de Liège, de Turnhout, d'Herstal, de Termonde... ; — les écoles de *Dessin industriel* de Braine, Dolhain, Namèche, Vaux... ;

c) des *Cours de Commerce et de Langue*, dont certains sont organisés par le Syndicat des Classes moyennes et celui des Employés, Employées, Voyageurs : Liège, Malines, Mons, Namur, Roulers, Thielt, Verviers ;

d) des *Ecoles d'art* : sept Ecoles St-Luc, dirigées par les Frères des Ecoles chrétiennes : Gand, Liège, Molenbeek, Mons, Saint-Gilles, Schaerbeek, Tournai ; — Ecole des métiers d'art : Maredsous (RR. PP. Bénédictins) ;

e) des *Ecoles professionnelles*. — *Armurerie* : Liège, Wandre ; — *Batellerie* (enfants de 9 à 14 ans) : Bruges, Namur ; — *Coiffure* : Bruxelles, Liège, Namur ; — *Cordonnerie* : Bruxelles, Iseghem, Thielt, Liège ; — *Diamant* : Anvers (Aumôniers du Travail), St-Trond ; — *Fer et bois* : Alost, Anvers, Charleroi, Bruxelles, Cheratte, Hasselt, Iseghem, Liège, St-Trond (Aumôniers du Travail), Schaerbeek (cardinal Mercier, Aumôniers du Travail), Seraing (Aumôniers du Travail), Tirlemont ; — *Groupe de métiers* : Audenarde, Bruges, Boom, Charleroi, Courtrai, Eecloo, Gand, Liège, Lebbeke, Louvain (Ecole St-Pierre), Malines, Manage, Oostacker, Saint-Nicolas, Namur, Roulers, Thielt, Tongres, Tournai (Salésiens), Verviers, Waere-

---

1. Pour de plus amples renseignements, consulter la monographie parue dans les *Dossiers* de l'A. P. (25 février 1921).

ghem, Ypres, Zwynaerde ; — *Mineurs :* Marchienne-Docherie ; — *Peinture :* Anvers, Liège ; — *Plomberie :* Assche, Liège ; — *Typographie :* Bruxelles, Liège, Namur.

N. B. — Des *Cours professionnels* et des *Ateliers d'apprentissage* sont également organisés en différents centres industriels.

2) Pour les ETUDES AGRICOLES, les jeunes gens ont l'*Institut supérieur d'Agronomie* de Louvain (Université) ; — les Ecoles d'Agriculture du *Degré moyen supérieur* de Carlsbourg (Frères des Ecoles chrétiennes), de La Louvière (St-Joseph), de Leuze ; — celles du *Degré moyen inférieur* (enseignement de la pratique agricole) : Aerschot, Chimay, Dinant, Enghien, Fleurus, Hasselt, St-Trond, Schadeck-Attert, Sottèghem, Thielt, Thuin, Virton, Visé, Waremme, Wavre ; — celles de l'*Enseignement primaire :* Sougné, Aywaille, Beauvechain ; — les *Ecoles Sections* et *Cours de Mécanique agricole :* Fleurus (St-Victor), Leuze, Enghien, Dinant, etc...

V. — Organisation de " Classe „.

Au point de vue purement social, il existe, mais pour les femmes seulement [1], un « *organisme de classe* », au sein duquel sont organisés les services précités, syndicaux, mutualités, etc. [2] : la **« Fédération Nationale des Ligues Ouvrières Féminines de Belgique »**. Cette Fédération compte 5o.ooo membres, groupés en « *Ligues locales* » et en « *Fédérations d'Arrondissement* ». Son siège est à Bruxelles, 75, boulevard Clovis.

Les LIGUES DE FEMMES ont pour *but* « l'amélioration matérielle et morale du sort de la famille ouvrière et des femmes isolées ». Protection de l'ouvrière à domicile, à l'atelier, à l'usine et en dehors de l'usine ; réglementation du travail des enfants ; abolition du travail du dimanche ; création de conseils d'usine ; développement de l'esprit syndical ; actionnariat ; lutte contre la vie chère par les coopératives, les achats en commun et les ligues de consommateurs ; création d'assurances vie, maladie, invalidité ; caisses dotales ; assurances première

---

1. La « Ligue Ouvrière » (pour hommes) fera l'objet d'une étude spéciale.
2. Voici, à titre d'exemple, les services du Secrétariat de la Ligue des Femmes de Nivelles (3, place St-Paul) : Bourse du travail ; Secrétariat d'apprentissage ; Mutualités féminines (maladie, invalidité, retraite) ; Unions professionnelles féminines (institutrices, aiguille, brodeuses, ouvrières) ; Coopératives féminines (achat des tailleurs, atelier des brodeuses) ; Enseignement professionnel féminin (cours de coupe, lingerie, confection, broderie) ; Cercles d'études sociales (cours de formation sociale) ; Bureau de renseignements gratuits (requêtes, pensions, conseils juridiques, contrat de travail et d'apprentissage, accidents, assurances, etc...) ; Consultation de nourrisson.

communion ; trousseaux ; enseignement ménager et professionnel obligatoire ; admission des femmes aux conseils des hospices et dans les bureaux de bienfaisance ; habitations à bon marché ; lutte contre la tuberculose, l'alcoolisme, l'immoralité ; organisation des loisirs ; formation patriotique, artistique ; protection de la maternité ; développement de la vie religieuse : tels sont les principaux points de leur programme.

Sont invitées à faire partie de ces « Ligues », les « femmes d'ouvriers, d'artisans et les petites bourgeoises dont la vie est semblable à celle des familles ouvrières ».

Les Ligues de Femmes d'un arrondissement sont « *fédérées* ». Ces *fédérations* ont pour but d'orienter et d'unifier le mouvement des Ligues, de faire la propagande, d'organiser des conférences, des fêtes, etc... Une *Fédération nationale* unit toutes les Fédérations d'arrondissement. Cette Fédération est autonome et indépendante de tout, *parti politique*, comme les Ligues et les Fédérations. A elle d'organiser les Assemblées nationales des Ligues, les Semaines sociales et Congrès. La F. L. C. a son bulletin : « La Ligue des Femmes. »

REMARQUE. — A la campagne, très souvent, les Ligues de Femmes sont affiliées à la Fédération nationale des Cercles de Ménagères rurales. Elles participent ainsi aux avantages très appréciables de ces dernières : conférences rurales, achats en commun, etc...

VI. — Propagande sociale.

A. — SECRÉTARIATS SOCIAUX

Les *Secrétariats d'Œuvres de Jeunesse*, ceux d'*Œuvres agricoles* et ceux d'*Œuvres sociales* sont les plus précieuses institutions de propagande.

a) Les *S. S. d'Œuvres sociales* surtout se sont particulièrement développés en dix ans. Il y en a 116, dont 53 pour la Section féminine[1]. A la tête de chacun d'eux se trouve un *directeur ecclésiastique*, dépendant d'un directeur diocésain. Régionaux en Wallonie. régionaux et locaux en Flandre, régionaux avec succursales dans le Limbourg, ils organisent les services les plus variés. Une simple énumération des sections de deux d'entre eux, Namur et Bruxelles (Secrétariat féminin), suffit à donner une idée de leur activité.

— *Namur*, place Lilon (directeur diocésain : M. l'abbé Pierlot ; directeur régional : M. l'abbé Misson) :

11 Sections : Enseignement professionnel (Cours professionnels et techniques) ; — Ecoles ménagères ; — Cercles d'études sociales, Journées et

---

1. Le Secrétariat général des Œuvres sociales féminines chrétiennes de Belgique est à Bruxelles (75, boulevard Clovis). Les secrétaires sont MM^{mes} Victoire Cappe et Maria Baers.

Semaines sociales, Congrès sociaux, Journaux professionnels, Conférences populaires ; — Secrétariat d'apprentissage ; — Bourses du travail ; — Unions professionnelles ; — Assistance contre le chômage, la maladie, l'invalidité prématurée et la vieillesse ; — Secrétariats populaires ; — Coopératives de consommation et coopératives de production ; — Ligues sociales d'acheteurs ; — Habitations ouvrières ; — Œuvre des émigrants.

— Bruxelles, 44, rue des Eperonniers (M⁽ᵐᵉ⁾ de Rôo) :

Bourse du travail féminine ; — Syndicat de l'Aiguille ; — Secrétariat d'apprentissage ; — Office d'orientation professionnelle ; — Atelier d'apprentissage ; — Syndicat national des Employés, Employées et Voyageurs de Belgique (section féminine) ; — Syndicat des Blanchisseuses et Repasseuses ; — Union professionnelle des Infirmières belges ; — Association nationale du Personnel de l'enseignement professionnel ; — Société coopérative restaurant de la Jeunesse féminine ; — Fédération des Patronages de jeunes filles ; — Fédération des Ligues de femmes de l'arrondissement de Bruxelles ; — Mutualités Ste-Gudule ; — Cercles d'études (dames, institutrices, employées, ouvrières, apprenties, propagandistes, Fédération des Patronages de jeunes filles) ; — Cours de philosophie pour dames ; — Cours de latin pour dames [1].

N. B. — Les Secrétariats d'Œuvres sociales ont souvent leurs publications, journaux, bulletins. Les Secrétariats wallons, par exemple, ont la « Vie nouvelle » (203, Grand'Rue, Charleroi-Nord ; directeur : M. l'abbé Van Haudenarde). — Namur a « La Voix du Peuple » (directeur : M. l'abbé Misson, 21, place Lilon). — Renaix a « 't Volk van Ronse » ; — Turnhout, « De Arbeider » ; — Louvain, « De Nieuwe Tijd », etc...

b) Les *Secrétariats sociaux agricoles* sont moins nombreux. La Wallonie en a quatre : celui de Rochefort (prov. de Namur et Luxembourg) ; directeur : M. l'abbé Henry ; — ceux de Mons et d'Enghien (Hainaut) ; directeurs respectifs : M. l'abbé Polet et M. l'abbé Berger ; — celui de Liège ; directeur : M. l'abbé Thiry.

Certains de ces Secrétariats éditent un journal : Liège, « Le Syndicat liégeois » ; — Mons, « La Croix des Syndicats » et « La Femme à la campagne ».

c) Les *Secrétariats d'Œuvres de jeunesse* commencent à s'organiser. Signalons ceux de Louvain (central pour la partie wallonne), d'Anvers (central pour la partie flamande), de Namur, de Liège, etc...

B. — PROPAGANDISTES

Outre les propagandistes des Fédérations mutualistes, des Coopératives, des Ligues de femmes et du Mouvement général féminin, on compte 200 propagandistes et employés syndicaux, dont 65 sont attachés aux Fédérations nationales et 135 à des Fédérations régionales ou aux Secrétariats sociaux. Parmi eux,

---

1. Consulter la monographie parue dans les *Dossiers* de l'A. P., 25 février 1921.

une dizaine de femmes pour les métiers spécifiquement féminins (couture, dentelle, etc...).

Propagandistes syndicaux et directeurs d'œuvres sociales se réunissent tous les deux mois à Bruxelles, sous la présidence d'un délégué du bureau de la C. G. S. C. B.

C. — ÉCOLES DE PROPAGANDE

Quelques Ecoles de propagande sont ouvertes, et d'autres sont en voie de formation. On y donne des cours d'économie politique et sociale, tout en poursuivant la formation de « *sectionnaires* », futurs recruteurs syndicaux dans les usines.

Parmi les plus importantes écoles, mentionnons celles de Bruxelles, de Gand, d'Anvers, de Charleroi et du Centre.

N. B. — 1. Dans le même but, les Secrétariats féminins ont des cours sociaux périodiques.

2. Au 5ᵉ Congrès syndical chrétien, 4-5 juin 1921, on a émis le vœu de voir créer une Ecole supérieure spéciale pour Propagandistes.

D. — PRESSE

Déjà les 28 publications de la C. G. S. C. B., celles des Classes-moyennes, des Terriens, des Mutualités, des Secrétariats sociaux nous sont connues ; citons encore :

Le Démocrate, organe quotidien de la Démocratie chrétienne belge. — *Het Volk*. — Les publications de la Ploegstraat, 23, Anvers : De Gids, Ons Geloof, De Ster, De Warheid, Onze Jeugd, les brochures Geloofsverdediging. — « *La Femme belge* », revue mensuelle des questions sociales, morales, littéraires et artistiques (75, boulevard Clovis, Bruxelles). — La « *Revue sociale catholique* » (Institut supérieur de philosophie, 1, rue des Flamands, Louvain). — *Les Dossiers de l'Action Catholique*, publication mensuelle éditée par le Secrétariat général des Œuvres sociales et la Fédération des Cercles d'Etudes (211, Grand'rue, Charleroi). — L'Effort. — Les brochures de la Société d'Etudes religieuses, 5, rue Leys, Bruxelles, etc., etc...

N. B. — Une société anonyme, « *L'Action commerciale* », a été organisée récemment à Bruxelles. Elle comprend trois départements : 1) Librairie de l'Action catholique, 79-81, chaussée d'Hacht ; — 2) les Conférences populaires (location de clichés pour projections), 18, rue Ernest Solvay, Ixelles ; — 3) Photographies, appareils pour projections, matériel cinématographique et accessoires, 15, rue St-Boniface, Ixelles.

E. — LIGUE CONSTANCE TEICHMANN (Anvers, rue de Boom, 11).

Fondée en 1910, à Anvers, cette Ligue est promotrice d'œuvres ; élément de soutien pour tout ce qui existe, elle favorise les initiatives, mais n'intervient pas dans la direction des œuvres qu'elle suscite.

VII. — Formation sociale.

L'*Association Catholique de la Jeunesse Belge*, la *Fédération Flamande des Cercles d'études*, la *Jeunesse Sociale Catholique*, la *Jeunesse Syndicaliste*, les Patronages, Cercles Ouvriers, Ecoles Sociales féminines, Semaines Sociales, Journées d'Etudes, Congrès, autant d'éléments formateurs du sens social.

A. — **L'A. C. J. B.**, dont les origines remontent à 1909, fédère actuellement environ 275 cercles d'études locaux (partie wallonne). Elle est dirigée par M. le chanoine Brohée.

Son siège est 126, rue de Tirlemont, à Louvain. Elle a un hebdomadaire, l'*Effort*, rédacteur, M. l'abbé Picard (5.000 abonnés). D'avril à décembre 1920, elle a organisé 14 Congrès, Journées d'études de Presse. (Tournai, Namur, Arlon, Verviers, etc...)

B. — **LA FÉDÉRATION DES CERCLES D'ÉTUDES** de la Plœgstraat 23, Anvers (*Verbond der Studiekringen*), groupe les Cercles pour hommes (200 environ, dont 73 pour la Province d'Anvers.)

Ces cercles poursuivent « l'étude des Questions sociales dans leur rapport avec les vérités religieuses ». En juin 1920, la Fédération a organisé avec succès des *Journées de Cercles d'études* » dans les Provinces Flamandes. — Elle a des secrétariats provinciaux. Bulletin. *De Gids op Maatschappeljik Gebied*. Directeur M. l'abbé Prims.

N. B. — La « *Fédération nationale des Cercles d'études féminins* » a son centre à Bruxelles. (Secrétariat général des Œuvres féminines, 5, boulevard Clovis.) Elle a 2 sections, l'une flamande, l'autre wallonne, et, comme tous les groupes de C. E., se rattache à la « *Fédér. générale des Cercles d'études* » présidée par le R. P. Rutten.

C. — *Le groupe de la* « **JEUNESSE SOCIALE CATHOLIQUE** » (J. S. C.) est réservé aux Universitaires Catholiques.

Fondée en 1920, par M. l'abbé Cardijn, Directeur des Œuvres sociales de l'Arrondissement de Bruxelles, la J. S. C. a inauguré à Louvain, dès 1920, une série de « Leçons générales sociales » très suivies. Du 11 au 16 octobre 1920, la J. S. C. a eu sa « *Semaine sociale* » la « *première* » pour Etudiants catholiques en Belgique.

Président M. F. Monette. — Siège du Secrétariat 19, rue Plétinckx, à Bruxelles. — Siège du Secrétariat de Louvain, rue du Canal.

D. — La **JEUNESSE OUVRIÈRE** a également ses organismes, l'un très ancien et connu : le *Patronage* [1], l'autre encore à ses débuts,

---

1. A Bruxelles 47 Patronages de jeunes gens sont groupés en une Fédération : « *L'Union des Patronages de Bruxelles* ». Secrétariat, rue Ste-Anne, 4, à Bruxelles. — Les Patronages de jeunes filles sont fédérés également. Siège, 44, rue des Eperonniers, Bruxelles.

mais déjà très vivant : la « *Jeunesse Syndicaliste* » (J. S.) (siège, 19, rue Plétinckx-Bruxelles ; secrétaire M. F. Tonnet.)

La J. S. accepte comme membres, « les jeunes ouvriers apprentis, « jeunes employés, élèves des Ecoles Professionnelles et Industrielles, « élèves de dernière année du 4° degré d'Ecole primaire ou de dernière « année d'Ecole moyenne ayant fait choix d'une profession ».

Les groupes se forment par paroisse et constituent des « *Sections Locales* » où Cercles d'études, fêtes, promenades artistiques, revues, journaux initient à la vie sociale catholique [1]. Les Sections locales d'un canton ou d'un doyenné composent la « *Section Régionale* » chargée d'intensifier la propagande et d'assurer la liaison entre les groupes locaux. Ces Sections régionales sont elles-mêmes reprises par un « *Syndicat d'Arrondissement* » que dirige un Conseil composé d'autant de délégués régionaux qu'il y a de sections locales. A ce Conseil est réservé le choix d'un « Bureau exécutif » (9 membres). La J. S. a ses « Sections industrielles » rattachées au Syndicat national de la Profession et constituées à l'intérieur des Sections régionales.

Les centres les plus actifs de la J. S. sont Bruxelles et Anvers. Ses publications : « *De Jonge Werkman* » et « *la Jeunesse Syndicaliste* ».

E. — ÉCOLES SOCIALES FÉMININES.

Bruxelles, Nivelles, Charleroi, Mons, Namur, Verviers, Tournai, ont leurs Ecoles sociales féminines. L' « *Ecole Normale Sociale Catholique* » de Bruxelles [2] (fondée en février 1920), prépare au diplôme officiel de « *Service social* ». (Programme en harmonie avec le programme officiel.)

Elle comprend : a) des *Cours généraux* (théoriques et pratiques) à suivre pendant 6 mois consécutifs (vacances comprises), ou bien en deux séries de 10 semaines chacune sur l'espace de 2 années ; — b) des *Cours de Préparation spécialisée* (théorie à l'école et stage dans les œuvres). Ces « *Cours spéciaux* » préparent des « Surintendantes d'Usines », des « Inspectrices du travail », des « Secrétaires d'Institutions ouvrières, des Auxiliaires et Inspectrices des Œuvres de l'Enfance, des Déléguées à la Protection de l'Enfance, etc., etc. Pour être admises à l'E. N. S., les Jeunes Filles doivent être âgées de 18 ans, et avoir fait des études du Degré moyen ou des études au moins équivalentes ».

N. B. — Les 6 autres Ecoles régionales s'inspirent de l'orientation de l'Ecole Normale centrale de Bruxelles.

F. — JOURNÉES D'ÉTUDES. — SEMAINES SOCIALES. — COURS.

Nous n'en finirions pas d'énumérer toutes ces Institutions. Rappelons : la *Semaine Syndicale* annuelle de Fayt-lez-Manage

---

1. La J. S. vise surtout à former des « *militants syndicalistes* » qui demain seront les Propagandistes du Mouvement syndical chrétien.
2. Dès 1916 des Cours sociaux avaient été institués par le Secrétariat général des O. S. F. C. Ces « Cours » ont donné l'Ecole actuelle.

(septembre) ; — les *Congrès sociaux régionaux* (St-Nicolas, Hasselt, Malines, Vilvorde...) ; les *Journées d'Etudes féminines* dues à l'activité des Secrétariats sociaux régionaux ; celles du *Boerenbond ;* et, pour 1920, les *Journées d'Xhovémont* (Liège) ; les *Semaines pour Jeunes gens* (Anvers et Bruxelles); les *nombreux Congrès de l'A. C. J. B. (Namur, Arlon, Verviers, Charleroi, Tournai,* etc., etc.).

VIII. — Œuvres moralisatrices.

A. — Très active avant guerre, la *Fédération des Ligues de Tempérance catholiques* (Bruxelles, 27, avenue Voltani) se réorganise. L'*Œuvre antialcoolique à Anvers* (Lange Nieuwstraat, 107) s'efforce de créer en pays *Flamand* et dans chaque paroisse 2 Ligues, l'une pour *hommes,* « *Ligue de la Croix* », « *Kruisverbond* », et l'autre pour *femmes,* « *Union de Marie* », « *Maria vereeniging* », celle-ci se donnant pour mission spéciale de développer « *les Ligues pour enfants* » (*De Hoop der Tœkomst*). Déjà fort répandues à Anvers, ces « Ligues » gagnent Gand, St-Nicolas et le diocèse de Malines.

B. — *La* « *Ligue mariale contre l'immoralité* », qui étend son action en France, en Angleterre, en Suisse et en Hollande, se développe sérieusement. Rien que pour 1920 elle signale 1.400 membres nouveaux. (Secrétariat, rue de la Réconciliation, 21, Anvers. Secrétaire : Mlle Van Gehucten.)

IX. — Relations internationales.

Des rapports de plus en plus fréquents et intimes s'établissent entre catholiques sociaux de Belgique et d'autres pays :

1) Nous rencontrons le *Syndicalisme chrétien belge* aux Conférences de Zurich (2-5 août 1908), à la Réunion de Paris (15 mars 1919), à Rotterdam (20 février 1920), au Congrès de La Haye (15-19 juin 1920), à Bâle (20 sept. 1920), où l'on constitue le Bureau de « *l'Internationale syndicale chrétienne* ». (Siège social, Utrecht). Vice-secrétaire : M. E. Van Quaquebeke, à Rome ; à Cologne.

2) Depuis 1912, Louvain (1, rue des Flamands) est le centre de « *l'Union internationale catholique pour l'étude du droit des gens d'après les principes chrétiens* ».

3) Tout récemment les « Terriens belges » entraient, eux aussi, dans le mouvement international en adhérant à « *l'Internationale syndicale agricole* » fondée à Paris (8, rue d'Athènes), le 16 novembre 1920 [1].

---

[1]. V. *Dossiers* du 10 mai 1921, class. 86, Intern. synd. agric.

CONCLUSION

« Le mouvement syndical est difficile, écrivait M. René Debruyne dans sa conclusion du rapport sur la C. G. S. C. B. (1920); il demande souvent à ses adhérents de grands sacrifices. Mais parce que ce mouvement a ses racines dans notre conception de la vie et du monde, parce qu'il puise sa force dans notre conviction chrétienne, nous trouvons dans notre foi une source inépuisable de courage et de persévérance opiniâtres. Ce que nous ne pouvons de nos propres forces, nous le trouvons suppléé par l'aide de Celui qui dit : Que ma grâce vous suffise. »

Au terme de ce rapide aperçu, il fallait citer ces quelques mots d'un militant syndicaliste chrétien, car, appliqués au mouvement général social catholique, ils évoquent bien sa véritable et profonde orientation. Grâce aux catholiques sociaux, des œuvres économiques prospèrent, des coopératives s'organisent nombreuses, des mutualités se fondent, les centres d'enseignement technique se multiplient, etc... Grâce aux catholiques sociaux également, des âmes s'améliorent et deviennent des âmes d'apôtres passionnées du Christ, désireuses elles aussi de faire un peu de bien autour d'elles. Et c'est ce qui nous fait espérer une acceptation de plus en plus unanime des doctrines sociologiques chrétiennes. Déjà, grâce à l'expérience meurtrière des principes anarchiques qu'ils avaient acceptés sans contrôle, beaucoup de travailleurs désillusionnés par l'épreuve, éclairés par la souffrance, ont reconnu dans le catholicisme social l'objet de leurs devoirs les plus réels et les plus vrais et l'ont accueilli dans leur vie. Nul doute que d'autres ne les suivent nombreux et qu'ainsi, lentement, sous l'action bienfaisante des catholiques sociaux auxiliaires de la grâce de Rédemption qui sollicite les âmes, le monde du Travail belge s'achemine vers les issues salutaires où il retrouvera enfin, dans la joie des retours à la vraie liberté, Celui qu'il cherche et ne peut pas ne pas chercher, « le Christ ami des hommes ».

1. Le nombre de pages indiqué est celui qu'avaient les brochures à la date du **15 août 1921.**

Bar-le-Duc. — Impr. Brodard, Meuwly & Cⁱᵉ. — 3377,2,21.

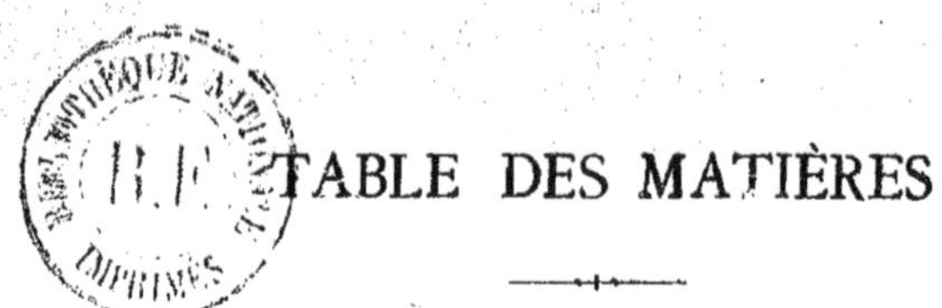

TABLE DES MATIÈRES